Les Français
aux Bouches du Niger

Avant la Révolution

PAR

M. CHAZAL

———

COULOMMIERS

IMPRIMERIE PAUL BRODARD

Les Français

aux Bouches du Niger

Avant la Révolution

Les Français
aux Bouches du Niger

Avant la Révolution

PAR

M. CHAZAL

———— ▸◂◆ ————

COULOMMIERS

IMPRIMERIE PAUL BRODARD

Les Français
aux Bouches du Niger
Avant la Révolution

S'il est un fleuve qui détienne le record de l'actualité, c'est assurément le Niger. Exaspérées sont les polémiques dont il est l'objet dans les journaux anglais.

Or, en présence de cette agitation que « la Royal Niger protectorate Chartered Company » suscite et entretient dans l'opinion publique, je trouve utile d'opposer aux récriminations du Jingoïsme le récit fort curieux de la manière dont les Anglais se sont débarrassés, en 1792, de la concurrence française aux bouches du Niger.

Mon récit sera un simple exposé des faits appuyés sur des témoignages; je rechercherai d'autant moins les responsabilités qu'il est surtout difficile d'en faire l'application lorsqu'il s'agit d'expéditions anglaises ayant le caractère de coups de main. Le système des compagnies à charte se prête merveilleusement à ces équivoques qui permettent au Gouvernement et à la Nation de se séparer en apparence : l'une pouvant manifester son enthousiasme pour les entreprises les plus audacieuses, lorsque l'autre est forcé de les désavouer à raison d'une violation trop flagrante du droit des gens ou à la suite d'un échec trop retentissant.

Loin d'être un embarras, cette pression vraie ou factice de l'opinion publique savamment mise en jeu ne fait que donner au Ministère une plus grande liberté dans son action diplomatique, il ne lui déplaît même pas toujours de voir s'élever dans son sein une divergence d'opinion qui ne le gêne en aucune façon.

Nous venons d'en avoir un exemple frappant dans l'accueil fait en Angleterre au héros de la tentative de la « South Africa Chartered Company » contre le Transvaal et dans la faiblesse de la répression difficile dont elle a été l'objet.

Ce que je veux donc, c'est tout simplement mettre en regard des cris d'indignation poussés par les journaux anglais aux moindres mouvements de nos explorateurs; en regard des calomnies dont ceux-ci sont journellement l'objet, en regard du reproche d'ambition démesurée fait à la France, la narration des procédés employés par des négociants anglais pour supprimer, à la faveur de la Révolution, un établissement français qui leur portait ombrage.

Je dirai quel était l'homme qui avait fondé cet établissement, comment il l'avait fondé, quelle en était l'importance, comment il a été détruit.

Mon récit aura un autre intérêt : celui de montrer quel a été de tout temps, autrefois comme aujourd'hui, l'influence que le caractère et l'état d'esprit des Français a sur les peuples avec lesquels ils se trouvent en contact par opposition avec les sentiments que les habitudes de hauteur et de brutalité des sujets britanniques ne manquent pas d'inspirer partout où ils se présentent.

Quant à l'établissement lui-même, si l'on consulte à la Bibliothèque nationale la carte cotée (*Hydrographie* GBB3) et intitulée : « Carte de la partie comprise entre le cap des Palones et le cap Sainte-Catherine, dressée en 1866 et 1867 sous la direction de M. le contre-amiral Fleuriot de l'Angle, commandant en chef de la division des côtes occidentales d'Afrique, par M. de Kertanguy, enseigne de vaisseau, d'après les travaux de MM. Maraval, Dubouchage, Servol, Aymès et autres officiers, et les documents anglais et hollandais », on voit indiqué par le signe conventionnel ordinaire un fort avec cette légende : « Fort français (anc.) de Borodo fondé par le capitaine Landolphe ». Or, l'île de Borodo est la plus importante de celles que forme le delta du Niger et elle en occupe le centre.

I

L'homme.

Avant de conter l'aventure, je ne puis résister au désir d'en faire connaître le héros et la victime. Le capitaine Landolphe est en effet une des figures les plus originales parmi celles de ces anciens marins, de ces capitaines au long cours qui fournissaient aux vaisseaux du Roy les officiers de manœuvre dédaigneusement appelés « officiers bleus », avant de remplacer sur les flottes de la République les « officiers rouges » partis en émigration.

Le nom du capitaine Landolphe est tombé dans l'oubli; il ne le méritait pas; il faut en chercher la cause dans sa grande modestie, il termine des mémoires impayables de naïveté par cette phrase qui le caractérise mieux que tout ce que l'on pourrait écrire : « Si j'ai fait quelque bien à mon pays, si j'ai pris soixante-quatre bâtiments à ses ennemis et coulé bas huit cent trente de leurs canons, je n'ai pas l'orgueil de m'en glorifier puisque je ne dois ces divers succès qu'aux efforts réunis de mes braves compagnons d'armes (*Mémoires du capitaine Landolphe*, Paris, Arthur Bertrand, 1823).

Négrier, en tout bien tout honneur, quand le commerce

des nègres ne paraissait pas plus étrange que celui du sucre et du café, puis corsaire, deux fois prisonnier des Anglais après avoir eu un navire coulé par eux sous ses pieds, enfin capitaine de vaisseau commandant une division de trois frégates, voilà sa carrière.

Ce qu'il y a de plus curieux, c'est que Landolphe n'est pas un enfant des côtes, de ceux que la mer a pour ainsi dire enfantés et qu'elle rappelle invinciblement à elle; c'est un terrien; il est d'Auxonne, à plus de cent lieues de la mer la plus proche, il ne l'a jamais vue, il ne la connaît pas. Il est venu à Paris pour étudier la chirurgie; il s'en dégoûte tout à coup et se dit que pour faire fortune, il n'y a que le métier de marin; ce n'est évidemment pas la mer, c'est l'aventure qui l'attire, mais l'aventure raisonnée et dont il s'est déjà fixé le but : il veut être capitaine au long cours. Tout de suite il part pour Nantes; il est déjà trop âgé pour être embarqué comme mousse, n'importe : il trouve moyen d'embarquer par-dessus bord comme secrétaire d'un capitaine.

C'est pour faire, dès son second voyage, un horrible naufrage au cap Français; il se sauve, lui, vingtième sur cent vingt hommes, après être resté seize heures cramponné au grand mât, sous les vagues (naufrage du *Royal-Louis*). Il n'a plus sur lui qu'un pantalon, pas même une chemise, que lui importe; avec l'audace inconsciente qui ne le fait douter de rien et qui l'accompagnera toute sa vie, il s'en va directement chez le lieutenant-général de l'amirauté pour lui demander une pirogue et dix noirs. Séduit par son aplomb, M. de Saint-Martin les lui accorde. Landolphe n'a d'autre idée que de sauvegarder les intérêts de ses armateurs ; en trois jours, il a recueilli sur la côte pour quatre-vingt-dix mille francs de marchandises qui y ont été jetées par la mer après le naufrage du navire. Ayant reçu seize livres de récompense, il songe seulement alors à s'acheter des pantalons et des chemises, plus « un pantalon et une chemise pour un des marins de l'embarcation qui est venu le chercher sur son grand mât quand la tempête a été un peu apaisée ».

Le naufrage ne l'a pas guéri, les rebufades des capitaines auprès desquels il sollicite un embarquement ne l'arrêtent pas davantage. Il se met à repeindre le navire d'un de ceux qui l'ont le plus brutalement reçu ; il le fait avec tant de goût et de bonne volonté que voilà le capitaine qui l'embarque comme volontaire et bientôt ne peut plus se passer de lui.

A bord comme à terre, il ne cesse de travailler à son instruction ; toutes les occasions lui sont bonnes pour s'assimiler les détails de sa profession, en même temps qu'il entreprend l'étude des mathématiques et de l'astronomie, il suit pendant ses relâches la construction et le gréement des navires, si bien qu'en 1776, à vingt-huit ans, neuf ans après s'être embarqué, il passe avec succès ses examens et conquiert le grade de capitaine au long cours.

Au mois de novembre 1777, il commande un navire de la compagnie de la Guyane, la *Négresse*, armée de 20 pièces de canon et montée par 90 hommes d'équipage ; il est expédié pour le Bénin où il a fait déjà plusieurs voyages et où il médite de former un établissement. Il relâche à Lisbonne, où il a l'ordre de compléter son chargemént avec du tabac. La France n'est pas encore en guerre avec l'Angleterre, mais la guerre de l'Indépendance bat son plein et la France est prête à y prendre part. L'agitation est extrême dans les deux pays ; c'est le 13 mars suivant (13 mars 1778) que la guerre s'ouvrira définitivement par le combat de la *Belle-Poule* ; aussi la *Négresse* a-t-elle été munie d'une lettre de marque.

Il y a dans le Tage, en même temps que la *Négresse*, une escadre anglaise et à bord du vaisseau-amiral des prisonniers américains ; dix-sept d'entre eux se jettent à l'eau et gagnent à la nage la *Négresse*. Ils sont cinq capitaines et douze matelots. Landolphe engage les douze matelots pour renforcer son équipage et conduit les cinq capitaines chez un Français qui tient auberge à Lisbonne, il leur laisse en même temps l'argent qui leur est nécessaire pour subsister.

Pendant qu'il est à terre, un canot anglais commandé par un lieutenant de vaisseau vient réclamer les prisonniers et prétend visiter la *Négresse*. Le second vaut le capitaine : il fait monter vingt matelots et intime l'ordre au lieutenant de vaisseau de quitter le bord sur-le-champ s'il ne veut passer par-dessus. Le lendemain, Landolphe devant retourner à Lisbonne et prévoyant une insulte possible de la part des Anglais, fait mettre des sabres sous les bancs de son canot. Les canots anglais se sont en effet rangés le long du quai de manière à en interdire l'abord. Landolphe commande de souquer-dur et vient en plein travers d'un canot qu'il démolit. Les Anglais accourent et les matelots de la *Négresse* mettent le sabre à la main dans une attitude telle que le capitaine peut débarquer et aller rendre compte de sa conduite à l'ambassadeur de France, qui l'approuve et l'avertit que la guerre est imminente.

Landolphe hâte son chargement, mais les Anglais le surveillent et, aussitôt qu'il est prêt à quitter son mouillage, une frégate lève l'ancre et le précède avec l'intention bien évidente de l'attendre au dehors de la rivière et de la limite de neutralité des eaux. En rangeant la *Négresse* la frégate l'insulte, la menace et met même en panne un instant pour bien préciser l'outrage. Landolphe n'y peut tenir, il fait monter l'équipage, lui ordonne de se ranger sur les passavants, le dos aux Anglais, de se déculotter, de se courber et... le reste se devine. Pendant longtemps le capitaine de la *Négresse* fut populaire dans la marine sous le nom du capitaine Montre-C....

Il fallait cependant sortir du Tage, le pilote portugais, qui ne pouvait douter de ce qui attendait la *Négresse* à la sortie du fleuve, ne voulait plus la piloter. Landolphe lui promet dix louis et la permission de le quitter aussitôt qu'il aura passé les derniers écueils ; il l'entraîne et sort sans accident. La frégate l'attendait, il fait branle-bas de combat avec la ferme intention de ne pas se rendre, mais en même temps, soucieux de l'intérêt de ses armateurs et de la vie de ses matelots, il force de voiles et la frégate doit bientôt renoncer à l'atteindre.

Veut-on le voir corsaire au service de la République ? Fauchet, ministre plénipotentiaire de la République aux États-Unis, l'a bombardé capitaine de frégate pour lui confier une mission à se faire pendre. Il commande du premier coup une division formée d'une frégate, le *Mermaid*, achetée aux États-Unis, et d'une corvette la

Liberté, qui l'a améné de la Guadeloupe à Baltimore avec des commissaires chargés de demander à Fauchet un secours en armes et en munitions. Ce sont ces armes et ces munitions qu'il porte, plus 240 créoles enlevés de la Guadeloupe par les Anglais pour refus de serment à l'Angleterre et qui, en cours de route pour l'Europe, se sont emparés du bâtiment qui les y conduisait et l'ont ramené aux États-Unis.

La *Liberté* est commandée par un de ses amis, le capitaine Laurenti, qui l'a secouru à la côte d'Afrique. Ils rassemblent leurs équipages et leur déclarent qu'ils sont tous deux décidés à se faire sauter plutôt que de se rendre. Cette déclaration est accueillie par des acclamations unanimes et suivie du serment de vaincre ou de mourir. On dessine sur le blanc du pavillon une tête de mort avec deux tibias en sautoir et, en gros caractères : « La Liberté ou la Mort ». Le capitaine conclut ainsi son récit : « Je convins avec Laurenti, qui poussait la bravoure jusqu'à la témérité, que si le brouillard ou le mauvais temps nous séparait, le pavillon tête de mort servirait à nous rallier ».

Et, justement, après avoir échappé à une croisière de vaisseaux anglais qui les attendaient à l'entrée de la Chesapeake, le *Mermaid* et la *Liberté*, séparés par un coup de vent, ne se rejoignirent qu'à l'île de Saint-Barthélemy, appartenant aux Suédois, dans le port de laquelle ils n'eurent que le temps d'entrer pour échapper à un vaisseau de guerre anglais. De Saint-Barthélemy, les deux capitaines font passer à la Guadeloupe, qui vient d'être reprise par les Français, les armes, les munitions et les habillements qu'ils apportaient. Sur ces entrefaites Landolphe reçoit l'avis que le *Mermaid* est vendu aux Suédois et l'ordre de prendre le commandement de la *Liberté* en expédiant, par un des allèges, le capitaine Laurenti invité à venir rendre compte de sa conduite et de sa séparation d'avec le *Mermaid*. Laurenti, sur une dénonciation anonyme, était traduit devant le tribunal révolutionnaire; Landolphe ramène la *Liberté* à la Pointe-à-Pitre et se précipite au tribunal pour défendre son ami. Ce serait gâter sa plaidoirie que de ne pas la transcrire telle qu'il la rapporte dans ses mémoires. « C'est d'une voix forte et assurée qu'il l'a prononcée. »

« Où sont les délateurs qui veulent livrer au glaive la tête de Laurenti? Qu'ils paraissent ici devant vous et devant moi. Je saurai détruire avec l'accent de la vérité toutes les impostures qu'ils ont imaginées dans leur noire méchanceté. Qu'ils paraissent, encore une fois! je les écoute. Quoi! ils se taisent! Ils se cachent! Les lâches! Ils ne savent que calomnier l'innocence en secret, et n'osent soutenir leurs mensonges à la face du public! Ah! Citoyens juges, souffrez que j'invoque contre ces misérables la peine que leurs vœux criminels appelaient sur mon ami. »

Le tribunal déclare que, sur l'exposé du capitaine Landolphe, Laurenti est déchargé de toutes les accusations dirigées contre lui et le reconnaît habile à servir la République.

Quelques mois après, la *Liberté* coulait sous les pieds du capitaine Landolphe, et le pavillon tête de mort, cloué au mât, descendait au fond de la mer avec elle. Armée de

16 pièces de 4, elle venait de combattre la frégate anglaise l'*Alarme*, armée de 32 pièces de 32; elle en avait tenté deux fois l'abordage, déjouée dans ses tentatives par la hauteur des plats-bords de la frégate; Landolphe et ce qui restait de son équipage, recueillis par les canots anglais, sont conduits prisonniers en Angleterre.

Échangé en juillet 1796 avec des prisonniers anglais, Landolphe est confirmé dans son grade de capitaine de frégate et appelé au commandement de la corvette la *Vénus*. Il a pour mission de porter des armes, des munitions et des troupes à Cayenne.

Tout en ne manquant aucune occasion de faire des prises, en enlevant notamment, en vue d'une frégate anglaise qui n'ose le combattre, un grand navire armé de 22 canons et chargé de vin de Madère, il se préoccupe beaucoup du grand nombre d'hommes entassés sur son bâtiment et des moyens d'y maintenir autant que possible la salubrité; il use pour cela de moyens assez étranges : par exemple des coups d'espingole tirés dans l'entrepont pour « détacher les miasmes des parois du bâtiment »; mais le plus étrange, à coup sûr, c'est celui qu'il décrit dans les termes suivants :

« Parmi ces précautions je comptais pour beaucoup la gaieté des matelots; il entrait donc dans mon devoir de les maintenir en cette disposition. Je connaissais un peu la musique; j'en avais pris des leçons à Paris de maîtres estimés. Je les mettais journellement en usage sur la clarinette, depuis six heures du soir jusqu'à huit. L'équipage dansait au son de l'instrument, et je menaçais de priver d'une ration de vin quiconque n'aurait point pris part aux danses de ses camarades. C'en était assez pour voir sur le pont toutes les jambes sauter en mesure plus ou moins juste. » La danse obligatoire, et puis, qui sait? c'était peut-être bien un peu une réminiscence de l'ancien négrier.

En tout cas, il faut avouer que notre capitaine de frégate continuait à ne pas manquer d'une certaine originalité.

En février 1799, Landolphe est nommé capitaine de vaisseau et prend le commandement d'une division de trois frégates ayant pour mission de croiser dans l'Atlantique. Ce sont la *Concorde*, de 44 canons, qu'il commande en personne; la *Médée*, de 32 canons, commandée par le capitaine de frégate Coudain, et la *Franchise*, également de 32 canons, commandée par le capitaine Jurien la Gravière, depuis amiral (Jurien la Gravière, *Souvenirs d'un amiral*, t. I, p. 33).

La campagne, commencée le 16 mai 1799, se termine très malheureusement au mois d'août 1800 par un combat à la suite duquel la *Concorde* et la *Médée* sont enlevées par les Anglais, la *Franchise* seule parvient à s'échapper, grâce à la supériorité de sa marche.

Les frégates avaient déjà pris 34 navires anglais et portugais et rançonné l'île portugaise de Saint-Vincent; elles venaient d'établir leur croisière à la hauteur de Rio-Janeiro lorsqu'elles furent rejointes par une division anglaise composée d'un vaisseau de 64 canons, de cinq frégates et de deux corvettes. L'inégalité des forces était si flagrante que Landolphe fait le signal de prendre chasse; la *Concorde*, rejointe par les trois plus forts navires de l'escadre, canonnée de trois côtés, ayant le feu à bord, est forcée d'amener son pavillon. La résistance a été plus qu'honorable, mais il est certain que Landolphe n'y a pas montré cet entrain endiablé de ses premières campagnes; il n'a pas laissé couler son navire sous ses pieds comme la *Liberté*.

Peut-être en eut-il le sentiment?

Renvoyé en France par le vice-roi du Brésil, en souvenir d'un grand service rendu autrefois à la côte d'Afrique à un capitaine portugais, le capitaine Landolphe passe à Paris en germinal an IX, devant un Conseil de guerre qui l'acquitte pour la perte de la *Concorde*. Le Premier Consul l'invite à déjeuner, le complimente sur le nombre des prises faites pendant sa dernière campagne et lui demande ce qu'il peut faire pour lui :

« Je ne répondis et ne demandai rien. »

Sa carrière était en effet terminée; il renonce à reprendre du service et demande sa retraite; sujet à de douloureux accès de goutte, il dit qu'il ne songe plus qu'à se reposer. Il est mort à Paris vers 1825.

Voilà l'homme, voyons son œuvre aux bouches du Niger.

II

La création.

C'est le 5 mars 1769 qu'il embarque pour la première fois à destination de la côte d'Afrique. Il part de Nantes en qualité de novice sur l'*Africaine*, c'est ce navire qu'il a repeint à Port-au-Prince pour y obtenir son embarquement. Il est avec le capitaine Desrud, qui l'a si mal reçu et dont il est devenu l'homme de confiance.

Aussitôt après avoir passé le cap des Palmes, il prend le commandement de la chaloupe, commandement ordinairement dévolu à un officier. Il suit la Côte d'Or, la sonde à la main et chaque soir rallie l'*Africaine*. Le tempérament et l'endurance qui lui permettront plus tard d'affronter ces climats meurtriers se manifestent dès ce premier voyage. Il faut tous les trois jours changer son équipage de 5 hommes, lui seul résiste, continuant à « jouir de la meilleure santé ».

C'est lui qui reconnaît l'entrée de la rivière du Bénin ; car, il faut bien le dire, il n'est pas question une seule fois du Niger dans ses mémoires et je crois bien qu'il ne s'est jamais douté qu'il était dans l'estuaire du grand fleuve ; il qualifie les différentes bouches de celui-ci de rivière du Bénin, rivière d'Owhère, rivière de Gathon, rivière du Calabar ; il semble se préoccuper fort peu de rechercher d'où viennent ces différentes rivières qui se croisent, s'enchevêtrent et paraissent déboucher parfois les unes dans les autres. En revanche, ce qu'il a compris tout de suite, c'est que ce sont d'admirables voies de pénétration pour le commerce avec le continent africain, et il se préoccupe déjà de se rendre compte de ce que peuvent être les marchandises de retour en dehors du nègre, objet du principal trafic de l'époque ; ce sont dit-il, l'ivoire, l'huile de palme, les bois de placage et, ce dont on semble ne plus parler aujourd'hui, des tapis fabriqués avec du « coton et de l'herbe » ; je suppose qu'il veut parler d'une sorte de diss ou d'alfa.

L'*Africaine* a pris 360 nègres qu'elle a portés au cap Français ; elle est de retour à Nantes le 28 juin 1770 après une campagne regardée comme très heureuse : elle avait duré quinze mois et vingt-trois jours.

La vocation de Landolphe est tout à fait décidée après ce premier voyage ; c'est à la côte d'Afrique qu'il ira chercher cette fortune pour laquelle il a quitté la chirurgie. Les hasards de la navigation, les nécessités de la vie l'en écarteront, mais il ne cessera d'y revenir jusqu'à ce qu'il y ait fondé l'établissement qu'il a rêvé, jusqu'à ce qu'il en soit chassé par l'incendie et par l'assassinat. Sans la Révolution, qui fit de lui un corsaire et un officier, il aurait probablement repris son œuvre, et qui sait s'il n'eût pas préféré son établissement à son épaulette de capitaine de vaisseau ?

Seconde campagne : son navire a changé de nom, il

est devenu les *Deux Créoles*, mais il est toujours commandé par Desrud, qui élève son novice au grade de pilotin. Cette fois, il désigne sous le nom de rivière Formose la bouche du Niger dans laquelle entre les *Deux Créoles*, à qui on fait remonter le Niger jusqu'à un village que Landolphe désigne sous le nom de Gathon (Gato des atlas modernes).

« Il y avait en ce moment dans le fleuve un bâtiment anglais et un autre portugais, mais la France ayant une prépondérance très marquée sur les autres nations de l'Europe (*sic*), Desrud eut le droit de prendre un chargement avant les deux capitaines concurrents. »

La naïveté de l'énoncé, sa précision, la simplicité avec laquelle il est présenté ne permettent pas de douter de la réalité de cette prépondérance qui semble, hélas! maintenant se perdre dans la nuit des temps héroïques.

On reste trois mois dans le fleuve; pendant ce temps la résolution de s'y établir d'une manière définitive s'affermit dans l'esprit de Landolphe et y prend si bien corps qu'il combine déjà les moyens de la réaliser; il s'efforce d'apprendre la langue du Bénin et fonde une amitié solide avec un des chefs du pays, nommé Danikan.

C'est au mois de novembre 1772 seulement qu'il rentre à Nantes, toujours de Port-au-Prince où les *Deux Créoles* a été porter sa noire cargaison.

Interruption de quatre ans dans la réalisation de ses projets; il est obligé de faire deux voyages à la Côte d'Angole.

C'est entre ces deux voyages qu'il est reçu capitaine

au long cours. A peine a-t-il son brevet qu'il ne perd pas plus de temps qu'il n'en a perdu après le naufrage du *Royal-Louis* pour se présenter au lieutenant de l'amirauté à Port-au-Prince. Il rédige le projet d'un établissement de traite au Bénin et court à Paris le présenter à M. David, ancien gouverneur de la colonie du Sénégal, et à M. Eriès, ancien sous-gouverneur de tous les établissements français sur la côte d'Afrique, sous les ordres de M. le duc de Lauzun, gouverneur général.

On était au moment de fonder une compagnie dite de la Guyane française, compagnie dont MM. David et Eriès devaient être nommés administrateurs. Le projet leur plut, mais ils demandaient à l'auteur de lui donner plus de développement avant de le soumettre aux membres de leur société; ils ne lui cachaient pas, en même temps, qu'il pouvait attendre longtemps le résultat de cet examen. Il paraît que la formule n'est pas nouvelle.

L'état de sa bourse ne permettait pas à Landolphe d'attendre. Malgré son grade de capitaine au long cours, n'ayant aucun fonds à mettre dans une expédition, non seulement il ne trouve pas de commandement, mais il faut l'insistance, violente vis-à-vis des armateurs, du capitaine Boulangé, avec qui il a fait son dernier voyage, pour qu'il trouve une place d'enseigne sur le *Baron de Montmorency*, qui va retourner à la Côte d'Angole.

Le navire est en rade, on va lever l'ancre; Landolphe est chargé d'aller à terre avec un bateau pour prendre quelques marchandises restant à embarquer; on lui remet une lettre de Paris. Un de ses parents lui annonce que la compagnie de la Guyane lui destine le commandement du premier navire qu'elle se propose d'armer; il lui conseille en même temps de se débarquer et de ne pas partir. « Cette nouvelle me jeta dans un extrême embarras, mais ma résolution fut bientôt prise; c'était de tout sacrifier au sentiment que m'inspirait la belle conduite de M. Boulangé. »

Rentré à Nantes le 15 décembre 1776, Landolphe part immédiatement pour Paris, où il apprend qu'on s'est occupé avec le plus grand intérêt de son projet d'établissement au Bénin et qu'en effet on lui destine le commandement d'un des quatre vaisseaux cédés par le roi à la compagnie de la Guyane.

De ce vaisseau il n'est plus jamais question et l'année 1777 se passe tout entière en préparatifs de toutes sortes de la part de Landolphe et en changements successifs de résolutions de la part de la compagnie, si bien que ce n'est qu'au mois de novembre qu'il peut partir sur un navire dont il a été faire finir la construction et à l'armement duquel il a présidé à Saint-Malo. Il a dû ensuite le conduire au Havre où il avait à prendre un complément de chargement envoyé de Paris et de Rouen.

Ce navire neuf s'appelle la *Négresse*, c'est un nom auquel Landolphe semble prédestiné. La *Négresse* est armée en lettre de marque; nous avons vu qu'elle avait 20 canons et 80 hommes d'équipage; c'est sur son bord qu'il devait donner aux Anglais cette représentation de clair de lunes en plein jour que j'ai racontée.

Il arrive à l'embouchure du Niger, en longeant la côte depuis le cap des Palmes, comme il l'a fait avec la chaloupe de Desrud, il reconnaît successivement Koto (Kotonou, Ketah), Patagri (Badagri), Inda (Ouidah, Whydah), Portonovo. Il conseille, pour arriver au Bénin, de s'éloigner le moins possible de la terre. Il prévient seulement qu'il faut avoir toujours la sonde à la main : ce n'est qu'au bout de quatre mois qu'il entre dans la rivière qu'il remonte jusqu'à Gathon. (Agathon-Damville, 1775).

Il prévient aussitôt son ancienne connaissance le phidor Danikan et l'informe qu'il veut fonder un établissement « utile aux Français ». Il désire, en conséquence, offrir en personne ses hommages au roi de Bénin et lui demander sa protection.

Trois jours après, il reçoit la réponse du roi qui le mande auprès de lui, et lui envoie un hamac, des porteurs et une escorte; à moitié route il trouve des rafraîchissements préparés, lui dit-on, par ordre du roi qui veut témoigner ainsi toute sa joie de recevoir des *Français*.

Je passe sur les détails de la réception royale, un seul me semble mériter d'être retenu : les vivres envoyés par le roi étaient placés dans « de grands plats d'étain très propres et recouverts d'un linge excessivement blanc ». Ce n'est pas avec autant de luxe et surtout de propreté que les rois nègres reçoivent aujourd'hui nos explorateurs. A ce détail et à un grand nombre d'autres, par exemple à l'armement des pirogues, il semble que, depuis l'époque où le commerce nantais fréquentait assidûment la côte d'Afrique, il y ait eu une dépression notable dans la quasi-civilisation des peuplades du littoral. C'est incontestablement aux guerres incessantes des rois nègres entre eux et surtout à la chasse aux esclaves qui motivent ces guerres qu'il faut attribuer cette dépression.

Je ne rapporterai pas non plus le discours du capitaine Landolphe au roi du Bénin, discours transmis à Sa Majesté par un jeune nègre nommé Cupidon, garçon de comptoir habituel des navires français qui venaient dans la rivière. Cupidon n'était pas dans une position bien commode pour débiter sa harangue, il était à plat ventre, la tête un peu soulevée et la main placée horizontalement au-dessus de la bouche pour éviter que son souffle pût atteindre le roi. Il y a un passage bien intéressant dans la réponse du roi; le capitaine, après lui avoir fait part de ses projets, lui ayant fait remarquer que la réalisation en était urgente, la France pouvant d'un moment à l'autre entrer en guerre avec les Anglais.

« Ce sont des gens bien méchants, s'écrie le roi. »

Le conseil s'assemble et Landolphe est autorisé à prendre autant de terrain qu'il voudra sur le bord de la rivière de Bénin, au village de Gathon; mais on ne peut lui faire la même concession sur la rivière Formose, dont les deux rives appartiennent au roi d'Owhère indépendant de celui du Bénin.

Alors présents et fêtes.

Les présents au roi ce sont : quatre pièces de Perse, quatre pièces de mouchoirs des Indes, deux colliers de corail, une robe de satin blanc à fleurs d'or et d'argent et une paire de sandales de la même étoffe sortant de la garde-robe de Louis XV, le tout estimé à 100 louis.

Quand le roi voit la robe, il tombe en extase et s'écrie :
« Les Français sont des génies ». Aujourd'hui nous avons
pour émerveiller les nègres les boîtes à musique et le
phonographe.

La fête ; ce fut une horrible musique, un charivari épou-
vantable, et Cupidon ayant demandé de la part du roi au
capitaine comment il trouvait la cérémonie, celui-ci, se
départissant de sa franchise habituelle, fit répondre qu'il
n'avait jamais rien vu d'aussi beau. Cela se passait heureusement avant la conclusion du divertissement, c'est-à-dire
l'immolation d'un malheureux prisonnier. C'est en vain
que le capitaine voulut demander sa grâce, Cupidon se
hâta de l'en détourner et il est probable qu'il eut raison.

La veille de son départ, Landolphe dîne en tête à tête
avec le roi qui lui fait boire du vin donné par un capitaine
portugais et du rhum « délicieux » donné par un capitaine anglais ; l'estomac de Sa Majesté était éclectique.
Après le dîner, le roi conduit Landolphe dans une cour
où sont entassées des dents d'éléphant et de là dans une
salle où sont les étoffes fabriquées par les femmes. Landolphe est invité à choisir une défense et des étoffes ; il
choisit une défense très blanche pesant 50 livres et un
assortiment d'étoffes. Le tout lui fut envoyé à Gathon.

Mêmes soins pour le voyage de retour, porteurs,
escorte, vivres plus qu'abondants, bons procédés de toute
sorte.

Toute cette courtoisie ne faisait pas cependant oublier
au roi nègre ses chers intérêts ; en même temps que les
présents qui lui étaient adressés, le capitaine recevait l'invitation de déclarer exactement le nombre et la qualité

des marchandises embarquées sur son navire (la déclaration en douane, absolument comme en France en l'an de grâce 1898). A la suite de cette déclaration se présentent quarante phidors, disons en français quarante contrôleurs ou préposés, qui fixent pour chaque pièce un prix qu'on n'aura plus la faculté d'augmenter et qui servira de base « aux droits d'entrée exigés par la coutume, droits qui se prélèvent en faveur du roi et des grands du royaume ».

Les mystères du jaugeage étant encore inconnus des bons nègres, il se perçoit une espèce de droit de tonnage basé sur le nombre de mâts du navire. Un navire à trois mâts paie un peu plus de 15 000 francs, un navire à deux mâts, 10 000 francs environ, un navire à un mât beaucoup moins.

Le capitaine Landolphe donne la répartition de l'impôt pour un trois-mâts avec la qualité des parties prenantes. L'évaluation est faite en « pagnes » représentant deux francs ; c'est assez curieux pour être transcrit.

Le roi, 900 pagnes...................... soit		1 800 fr.
Le capitaine général des guerres, 300 pagnes,	—	600
Vingt « grands », chacun 100 pagnes......	—	4 000
Quarante phidors, chacun 20 pagnes.......	—	1 600
Six interprètes, chacun 20 pagnes.........	—	240
Quarante porteurs, chacun 10 pagnes......	—	800
Trois phidors de Gathon, chacun 20 pagnes..	—	120
Divers présents...........................	—	6 000
En tout......................		15 160 fr.

Suit le détail du prix fixé par les phidors pour les marchandises ; il est fort curieux mais trop long pour que je le rapporte en entier; quelques citations seulement : un fusil de munition de réforme, 7 pagnes, soit 14 francs; un pistolet d'arçon, 8 francs; une pièce de mouchoirs de Cholet, 24 francs; mais ce qui est plus intéressant, c'est d'apprendre comment se fait la visite en douane (dédié à M. le directeur général des Douanes). Les quarante phidors se présentent et tiennent au capitaine ce discours : « Il faut que tu donnes à chacun de nous un verre d'eau-de-vie, une pipe et une brasse de tabac. Tandis que nous fumerons tu mettras dans des bassins de cuivre toutes les marchandises de la *Négresse*, nous en fixerons le prix dont il te sera tenu compte en traite », c'est-à-dire en nègres.

En veut-on le tarif, le voilà :

Un bel homme, cent pagnes.................. soit   200 fr.
Une belle femme, quatre-vingt-dix pagnes.... —   180 fr.

la somme payée en marchandises assorties au prix fixé par les phidors.

Landolphe était pressé de retourner en France pour y chercher les éléments de son établissement; en trois mois sa cargaison de retour était complète; elle se composait de soixante milliers d'ivoire et de 410 noirs des deux sexes; « j'aurais pu en prendre cinq à six cents, mais j'appréhendais les maladies qu'aurait inévitablement causé un si grand nombre d'hommes entassés dans les ponts ». Mais à peine est il prêt au départ que se déroulent une série d'incidents qui le tiennent éloigné de la France jusqu'au 29 juin 1780, de sorte que sa campagne, qu'il espérait si courte, se trouve avoir duré trois ans et sept mois.

Ce sont d'abord les vents qui sautent au sud-ouest et y restent avec persistance, de sorte que la *Négresse* échoue deux fois sur la barre et que l'échouage est si grave la seconde fois qu'elle est forcée de rentrer sur la rade de Régio, où elle est bloquée quatre mois, pour n'en sortir qu'au mois d'octobre 1778. Puis c'est une relâche à l'île du Prince pour remettre en état le navire et sa mâture. Calmes sous l'équateur, les hostilités entre la France et l'Angleterre étant ouvertes, la *Négresse*, chassée par la frégate anglaise la *Mégère*, s'échoue sur les Cayes d'Argent, la *Mégère* s'y échoue derrière elle et se perd corps et biens tandis que Landolphe, à force d'énergie, sacrifiant ses canons et ses pièces à eau, relève son navire, force la croisière anglaise et arrive enfin à Saint-Domingue. Réarmée, chargée pour France, la *Négresse*, incorporée à un convoi de 78 navires marchands escorté par six vaisseaux et quatre frégates commandés par l'amiral Comte de Grasse, est désignée pour éclairer le convoi et répéter les signaux. A la hauteur des Bermudes, un cyclone disperse le convoi; les vaisseaux et les frégates sont démâtés, la plupart des navires de commerce coulés ou désemparés, les Anglais ramassent le reste, plus deux des frégates.

Landolphe, qui a sauvé une partie de sa mâture, se répare comme il peut, rallie deux autres navires, le *Jonathas* et le *Comte d'Artois*, plus maltraités que lui, et les conduit dans la baie de la Chesapeake; presque aussitôt ils y sont enfermés par les glaces, puis bloqués par une croisière anglaise. Landolphe finit par la tromper et ramène en France, avec les passagers et les équipages du

Jonathas et du *Comte d'Artois*, tous deux condamnés et vendus, deux envoyés du congrès des États-Unis à Franklin, alors ministre des États auprès du gouvernement français. Le capitaine a tantôt déconcerté par son audace, tantôt trompé par son habileté la croisière anglaise établie sur nos côtes et l'a définitivement forcée, au grand étonnement de tous et à la grande joie de ses armateurs.

Il ne faut pas croire cependant que Landolphe ait perdu de vue ses projets pendant son séjour forcé dans la baie de Régio. Il n'est plus, en effet, dans les états du roi du Bénin, il est dans ceux du roi d'Owhère (Ovère de la carte de Damville, 1775; Wari de la carte dressée par ordre du ministre des Colonies en 1897). Le roi d'Owhère, qui avait sans doute appris de quelle générosité le capitaine s'était montré envers le roi du Bénin, se hâta d'envoyer son capitaine des gardes, nommé Okro, à bord de la *Négresse*. Il avait pour mission de prévenir Landolphe que pendant le séjour du bâtiment, le roi lui fournirait tous les vivres dont il pourrait avoir besoin. Réponse : présent au capitaine Okro, envoi au roi d'un manteau écarlate et d'un drapeau bordé d'or. Réception en échange de vivres abondants avec offre de la part du roi d'une avance en marchandises si le capitaine est embarrassé pour payer ses vivres journaliers. Enfin demande d'un pavillon français, « pour prouver à quel point le roi d'Owhère aime les Français ». Le pavillon est accordé, il est arboré sur la pirogue du capitaine Okro et salué par les pierriers de la pirogue ainsi que par les cris des noirs. La *Négresse* rend le salut par onze coups de canon.

Landolphe a profité de son séjour dans la crique d'Owhère pour reconnaître les différentes « rivières » qui s'y jettent et chercher l'emplacement de son futur comptoir; seulement, il reste constant qu'il n'a pas reconnu que toutes ces rivières ne sont que les bouches d'un grand fleuve et que ce fleuve, c'est le Niger.

Aussitôt de retour à Nantes, Landolphe court à Paris rendre ses comptes aux administrateurs de la compagnie de la Guyane; il part avec les députés du Congrès et est présenté par eux à Franklin, qui le complimente de la manière la plus obligeante sur les incidents de sa traversée. Quant aux administrateurs de la compagnie de la Guyane, ils lui avouent qu'ils le croyaient depuis plus d'un an au fond de la mer, et ils le félicitent d'autant plus vivement de son retour, qu'il leur aurait fallu payer deux cent mille francs au roi si la *Négresse* eût été définitivement perdue.

Une nouvelle déception l'attendait cependant, la compagnie lui offre deux commandements, celui de la *Négresse* à destination de Cayenne; celui de la *Chimère* à destination de Saint-Domingue, aucun pour la côte d'Afrique. Nommé lieutenant de frégate par le maréchal de Castrie, il choisit la *Chimère*, frégate de 32 canons, cédée par le roi à la compagnie de la Guyane, elle est armée en lettre de marque et réduite à 26 canons. Landolphe est chargé d'escorter un convoi de 12 navires. Il revient de Saint-Domingue avec un convoi de 120 bâtiments, escorté par une escadre commandée par le comte de Boisdevud, qui le prend pour éclaireur et répétiteur des signaux. Il ne rentre à Nantes qu'en mars 1782.

La guerre avec l'Angleterre bat son plein ; qu'est devenue la compagnie de la Guyane ? il n'en est plus question dans les mémoires du capitaine. Mais, seul, il persiste invariablement dans l'accomplissement de son projet. Il est devenu trop dangereux, hélas ! de naviguer sous pavillon français, il naviguera sous pavillon autrichien. Il trouve confiance et argent chez un armateur de Saint-Malo, M. Brillantais ; d'accord avec lui, il s'en va en Hollande acheter à Midlebourg un navire que M. Brillantais baptise la *Charmante Louise*, et charge pour le Bénin. Un tiers de l'équipage est français, les deux autres tiers flammands et hollandais. La *Charmante Louise* est armée de 26 canons et part de Midlebourg le 15 décembre 1782. Elle entre dans la rivière de Bénin dans les premiers jours de juin 1783. Elle était prête à repartir à la fin d'avril, lorsque, par suite d'une saute de vent semblable à celle qu'a éprouvée la *Négresse* cinq ans auparavant, elle s'échoue comme elle sur les barres. C'est à grand'peine qu'elle rentre dans la rivière.

Le roi du Bénin et celui d'Owhère se disputent à l'envi le soin de la ravitailler. Le roi du Bénin ayant mis pour condition à l'accomplissement de ses offres que la *Charmante Louise* remonterait le fleuve jusqu'à Gathon, dont la rade est mortelle aux Européens « en raison des vapeurs marécageuses qui s'exhalent d'une ancienne forêt dont cette rade est entourée », c'est au roi d'Owhère que Landolphe donne la préférence. La *Charmante Louise* est remorquée par quarante pirogues montées chacune par une trentaine d'hommes et portant pavillon blanc. Elles sont sous le commandement du capitaine Okro, et en quatre jours elle est amenée dans un canal devant la demeure du roi d'Owhère. Landolphe donne son itinéraire, il est assez confus, mais il ne me paraît pas inutile de le rapporter, d'autres plus habiles que moi pourront peut-être l'appliquer sur la carte.

En quittant la baie de Régio, on rencontre une grande rivière coulant au sud-est et au sud-sud-est, de là, on passe dans la rivière Jabon? après l'avoir remontée pendant huit lieues, on entre dans le fleuve Borodo qui ressemble à un lac, il a plus de deux lieues de large (très visible sur la carte de De Kertangay); du fleuve Borodo, en gouvernant à l'est, on entre dans une rivière beaucoup moins large, dite petite rivière d'Owhère, puis dans une rivière très large et très profonde, et enfin dans le canal qui conduit à la demeure du roi d'Owhère.

Grandes réjouissances de la population, salve de vingt et un coups de canon en l'honneur du roi. Réponse par autant de coups de pierriers. Audience immédiate du roi. Il plaint le capitaine de n'avoir pu franchir les barres, mais il se réjouit de cette occasion de le conserver un assez long temps chez lui. Il lui offre de faire débarquer ses noirs et de les faire nourrir à terre dans ses différents villages; il lui annonce qu'il a donné l'ordre qu'en dehors des vivres ordinaires, on leur fournisse chaque jour du gibier et du poisson. L'équipage vit désormais dans l'abondance, les malades se rétablissent et les noirs sont si bien soignés dans les cantonnements, qu'il n'en meurt qu'un seul. La station dure quatre mois, et quand Landolphe, au moment de mettre à la voile, prie le roi de fixer le prix de la nourriture de tant d'individus, le

roi refuse tout paiement et lui demande seulement de
prendre avec lui comme passager son neveu, le prince
Boudakan, qui désire passer en France pour y apprendre
« la langue et les coutumes françaises ».

Ces étonnantes dispositions du roi d'Owhère avaient
définitivement fixé le choix du capitaine sur le point où il
voulait fonder son établissement; il allait voir le roi
chaque jour et s'entretenait avec lui de son projet; le roi
s'en montrait fort partisan, mais en ajournant sa décision
parce que, s'agissant d'un établissement permanent, il
avait besoin de consulter les différents « Gouverneurs de
ses provinces », lisez : les différents chefs de ses villages.
Rien n'était donc arrêté quand Landolphe reprenait la
mer au mois d'octobre 1783.

Il avait cependant reçu du roi et de son ami, le capitaine Okro, les plus chauds encouragements : « Nous
désirons vivement que tu reviennes ici avec une multi-
tude de bons Français, mais, je t'en prie, n'amène
aucun Anglais, ils sont trop méchants. Crois-tu qu'ils
nous frappent et que c'est souvent par des coups qu'ils
paient les vivres que nous leur apportons. »

On ne revient pas de la côte d'Afrique en France, sans
aller livrer sa marchandise aux Antilles, c'est au cap
Français que Landolphe va porter ses quatre cents
nègres. Il y fait en même temps franciser son navire et
reprend le pavillon national.

C'est seulement un an après son départ de France
qu'il rentre à Nantes (octobre 1784) avec son prince
noir, qu'il se hâte de conduire à Paris.

Il a pour le prince Boudakan un plan d'éducation qui

n'est pas tout à fait celui de J.-J. Rousseau. Il donne au prince des maîtres de danse, de musique, de langue française et d'écriture. « Hors la lecture qui lui semblait très difficile, il fit en tout de rapides progrès. Il dansait avec grâce et légèreté, exécutait des airs guerriers sur la clarinette qu'il aimait beaucoup, parlait au bout de six mois le français assez correctement pour être compris dans la société ; l'écriture avait pour lui des attraits singuliers, la sienne était belle. » Il fut présenté au roi et au dauphin, le roi lui faisait une pension de 1500 livres par mois, pendant tout son séjour en France.

Pendant que le prince s'enrichissait de ses talents variés, le capitaine s'occupait, avec M. Marion Brillantais, de réaliser son projet d'établissement sur les côtes d'Afrique ; on créait une société dite « Compagnie d'Owhère et du Bénin », dont M. Marion était le premier administrateur ; on obtenait du roi, pour la compagnie, le principe exclusif pour trois ans de commercer dans les rivières et de plus, la cession d'un navire de 400 tonneaux nommé le *Pérou*. Landolphe recevait pour sa part le titre de directeur en chef de tous les établissements que pourrait former la compagnie.

Il fut convenu que le capitaine effectuerait le premier voyage sur le *Pérou*, dont il prendrait le commandement et qui recevrait, outre un chargement en marchandises d'une valeur d'environ 400 000 livres, les ouvriers charpentiers, maçons, couvreurs, forgerons et les outils nécessaires à la construction du premier établissement.

Le *Pérou* devait, de plus, emmener avec lui deux bâtiments légers destinés au service de la côte et des rivières; l'un gréé en goélette, l'*Afrique*, de 70 tonneaux, monté par 25 hommes et armée de 6 pièces de 4, l'autre gréé en cutter, la *Petite Charlotte*, de 40 tonneaux, monté par 12 hommes et armé de douze pierriers.

Quant au *Pérou*, il était armé de 18 pièces de huit et monté par 103 hommes, matelots ou ouvriers.

Le comptoir.

Ce fut le 17 juillet 1786 que l'expédition partit de la rade de l'île d'Aix par un temps superbe.

Landolphe comptait dans son état-major un officier distingué, M. Bourgeois, commandant en second, qui devait être son plus utile collaborateur, et un chirurgien chef, M. Boutan. Il emmenait en outre deux ingénieurs : M. Glais, premier ingénieur du comte d'Artois, en congé pour trois ans, et M. Forestier; enfin un naturaliste, M. Palissot de Beauvais, qui jouissait déjà d'une certaine réputation. On voit que c'était une expédition complète.

A la fin du mois de juin, M. Marion Brillantais avait ramené de Paris le prince Boudakan, que le capitaine devait reconduire à Owhère, suivant la promesse qu'il en avait faite au roi.

Après avoir passé quarante-huit heures sur la rade de Juda (Widah) pour prendre langue avec le gouverneur du fort et y assurer ses futures relations, Landolphe entre, le 21 novembre 1786, dans la rade d'Owhère et vint mouiller en face de « Sal Towne » (Salt Town de la carte de la bouche du Niger dressée par ordre du ministre des

Colonies par le lieutenant Spicq, de l'infanterie de marine, 1897).

Il se rend aussitôt au village de Boby pour prévenir le chef de ce village, Animazan, du retour du prince et l'informer de son projet de débarquer le lendemain cinquante hommes avec quelques pièces de canon.

Le pavillon blanc est aussitôt hissé sur le village de Boby et salué par des salves tant du village que de Sal-Towne.

Le surlendemain le roi d'Owhère, prévenu par les soins d'Animazan, envoyait deux phidors complimenter le capitaine, l'avertir qu'il avait donné l'ordre de lui laisser débarquer toute son artillerie et choisir le terrain qui lui conviendrait le mieux pour son établissement. Il lui mandait, en même temps, qu'il souhaitait le voir le plus tôt possible avec le prince.

Présents à Animazan et aux phidors et débarquement immédiat. Le capitaine est accompagné de MM. Glais, premier ingénieur, Forestier, ingénieur en second, de deux lieutenants et du chirurgien en chef, M. Boutan. Ces messieurs ayant désigné l'île de Borodo, sur la rive gauche de la rivière Formose, comme le terrain le plus propre à la construction de l'établissement et le plus favorable, par sa situation, à la mission que celui-ci était destiné à remplir, la goélette l'*Afrique* y porte 30 hommes de l'équipage, 8 pièces de canon de 8 avec leurs affûts, une centaine de planches et des tentes; tout ce qui est nécessaire pour former immédiatement un établissement provisoire. Une escouade de 120 nègres envoyés par Animazan fournit aux travailleurs de la compagnie un appoint indispensable.

Dès le premier jour, on couche à terre, les ingénieurs et l'équipage sous des tentes; Landolphe dans un hamac chez Animazan; le 13 novembre, il retourne à bord du *Pérou* et fait charger sur l'*Afrique* le matériel, les outils de l'expédition et les présents qu'il compte offrir aux rois d'Owhère et du Bénin.

On commence par établir une batterie de 8 pièces; c'est derrière cette batterie barbette qu'on trace le plan des maisons où logeront provisoirement les travailleurs; Animazan se charge de construire huit de ces maisons à la manière des habitants d'Owhère, c'est-à-dire composées d'un seul rez-de-chaussée, couvertes en feuilles de latanier et espacées entre elles de 12 pieds pour diminuer les chances d'incendie. On leur donne à chacune 25 pieds de long et 16 de large. Pour le capitaine on établit un pavillon en planches ayant un seul étage, mais accoté d'un mât de pavillon de 30 pieds, sur lequel fut aussitôt arboré et salué de vingt et un coups de canon le pavillon français. Le tout était terminé et habité au bout de huit jours.

Landolphe ayant déclaré qu'il était prêt à conduire le prince Boudakan à son oncle, le roi lui envoie une grande pirogue « portant dix pierriers et montée par cinquante hommes armés de sagaies et de deux pistolets chacun »; elle portait au centre un mât avec le pavillon français. On devait voyager de jour et de nuit.

Le capitaine s'y embarque avec le prince, M. Palissot de Beauvais, son second, un officier, un chirurgien et deux matelots. Trente pagayeurs enlèvent la pirogue en chantant, « on marchait très vite ». A deux heures, halte;

les chasseurs débarquent et tuent « un chevreuil » pendant que leurs camarades allument un grand feu. Est-ce bien un chevreuil qu'on a tué, ne serait-ce pas plutôt une gazelle ; je crains que le brave capitaine n'ait pas été très fort en histoire naturelle ; en tout cas, gazelle ou chevreuil, l'animal fut cuit d'une manière si originale que ce serait manquer à tous mes devoirs que de n'en pas donner la recette. Après avoir étendu le gibier sur un lit de bois mort, on le couvre d'un lit de bois également bien sec, on met le feu au bûcher. Au bout de vingt minutes l'animal est cuit, ce que les nègres reconnaissent au fumet du rôti ; on le retire alors du feu, on racle la peau avec un couteau, on éventre l'animal, on en jette les intestins, on le coupe en morceaux qu'on fricasse à l'huile et on le mange. On ramasse les os et le bout des pattes et on les porte sur un plat à l'avant de la pirogue, c'est pour le Diable. Le Diable d'Owhère est un diable modeste, facile à contenter sous le rapport de la nourriture.

Le repas dûment arrosé de vin de palmier, les rameurs reprennent les pagaies et, le lendemain matin, à huit heures, on arrivait à Owhère.

Salve de mousqueterie. Visite immédiate au roi avec le prince, M. de Beauvais, le chirurgien et deux matelots. Le roi serre le prince entre ses bras, lui passe au cou une filière de corail, insigne d'un nouvel honneur, après quoi le prince se hâte de quitter ses habits français pour reprendre ceux du pays. Landolphe ne dit pas s'il a exécuté un pas et un air de clarinette.

Les présents de la compagnie au roi se composaient

d'un magnifique ameublement en satin rouge et blanc, d'un lit complet en taffetas cramoisi et de trois jolies glaces que le capitaine accrocha lui-même dans une chambre du palais. Le capitaine offrait en outre personnellement au roi un manteau écarlate galonné d'or, un chapeau surmonté d'un plumet blanc et une canne à pomme d'argent.

Le roi fut enchanté de ces présents et ne se lassait pas de les admirer, surtout les glaces. Il assura les officiers que tout son désir était d'être utile à « la nation française pour laquelle il professait une estime particulière ; qu'autant de temps que les Français resteraient dans son pays, il les prendrait sous sa protection spéciale, que nul de ses sujets n'aurait l'audace de les insulter se sentant exposé au plus sévère châtiment ».

Après quatre jours de fête, Landolphe ayant manifesté l'intention d'aller rendre visite au roi du Bénin, le roi d'Owhère remit à sa disposition la pirogue qui l'avait amené ; il en confiait le commandement au capitaine Okro, avec ordre d'accompagner la mission française jusqu'à Gathon. A Gathon, Landolphe retrouve son ancien ami Danikan, qui, comme à son premier voyage, se charge de faire prévenir le roi. Même cérémonial qu'alors, le roi envoie des hamacs et trente-deux porteurs qui emportent les Français à Bénin, tandis qu'Okro et les piroguiers du roi d'Owhère restent à Gathon. Logé chez un capitaine des guerres nommé Jabou, Landolphe ne manque pas l'occasion de se l'attacher en lui faisant présent d'une filière de corail de 300 francs, d'un manteau de drap bleu et d'un chapeau, tous deux galonnés d'or. Le capitaine pratique en grand cette maxime que si les petits cadeaux entretiennent l'amitié, les grands la font naître. Jabou le fait assurer par son interprète qu'il favoriserait de tout son pouvoir le commerce que les Français voudraient entreprendre au Bénin.

Le roi ayant fait dire au capitaine qu'il voulait le recevoir seul à onze heures du soir, celui-ci, conduit à la demeure royale par deux phidors, trouva le roi ayant à ses côtés deux nègres entièrement nus, dont l'un parlant un peu l'anglais servit d'interprète.

Le roi témoigne sa joie de voir le capitaine revenu au Bénin, mais en même temps son étonnement qu'ayant offert un terrain à Gathon avec la liberté d'y construire un fort, les Français aient débarqué à Owhère et commencé à s'y établir. Landolphe se défend de son mieux, en invoquant l'insalubrité absolue de Gathon et l'impossibilité pour les Européens de s'y établir d'une manière permanente ; il promet de disposer à Gathon un comptoir où viendrait un officier chargé d'entretenir avec l'établissement de Borodo des relations commerciales telles que le Bénin ne manquât jamais de marchandises de traite. Il laisse même entrevoir que plus tard, peut-être, il deviendrait possible d'établir un autre fort sur l'endroit désigné. Il donne en même temps comme témoignage des sentiments de la compagnie vis-à-vis du roi, les présents qu'elle lui envoie et ajoute que le roi de France lui-même, en lui confiant le commandement d'un de ses vaisseaux, lui avait prescrit d'affirmer de nouveau sa volonté de maintenir les liens d'amitié et d'intérêt qui unissaient depuis tant d'années la France au Bénin.

Ce discours était accompagné de l'offre de quatre grandes pièces de très belle soierie, quatre pièces de toile perse, deux pièces de mousseline des Indes, six filières de corail, un manteau écarlate galonné d'or, un chapeau « fin » orné d'un plumet blanc.

Ce n'était pas pour faire renoncer le roi à son désir de continuer de si utiles relations avec la compagnie et avec les Français ; aussi Landolphe fut-il obligé de lui promettre encore une fois d'envoyer sous le plus bref délai à Gathon un officier muni de marchandises de traite.

Le capitaine quittait Bénin après y avoir séjourné trois jours, reprenait à Gathon la pirogue du roi d'Owhère et revenait à son établissement, pressé de le faire passer du provisoire au définitif.

On se mit immédiatement au travail. Le roi d'Owhère fournit 800 hommes, l'ami Okro, comblé de présents à la suite du voyage au Bénin, et le prince Boudakan, venaient souvent exciter les travailleurs et c'est surtout grâce à eux que l'ouvrage put s'achever aussi rapidement. « Jamais, dit le capitaine, je n'aurais pu surmonter tant d'obstacles avec le seul secours des Européens, car les vapeurs extrêmement fétides exhalées de ces marais les auraient tous tués. »

On commence par un défrichement que le capitaine estime avoir trois lieues de circonférence. On y coupe les arbres, on y brûle les herbes pour en faire disparaître les serpents, on y pratique de nombreuses saignées et on transforme les marais en une vaste prairie qui servira plus tard à nourrir les bestiaux de l'établissement.

C'est au milieu de ce défrichement qu'on trace le fort ;

un quadrilatère presque parfait avec un bastion à chaque
angle; on l'entoure d'un fossé de 20 pieds de largeur et
de 7 de profondeur. Avec les arbres abattus et les terres
extraites des fossés on construit une chaussée également
accotée de fossés, plantée en avenue et conduisant du fort
à la rivière, enfin l'eau des fossés est dirigée sur la
rivière; au moyen d'un canal portant bateaux et servant
à entrer et à sortir les marchandises à recevoir ou à
expédier.

L'armement du fort est de 32 pièces de 6 et de 8, dont
16 placées en batterie barbette face à la rivière.

La défense est complétée au dedans par l'établissement le long des fossés d'une palissade en rondins
enfoncés de 2 pieds en terre, saillants de 10 hors de
terre, serrés les uns contre les autres, affermis par des
croix de Saint André et couronnés de fers de lance.

Les habitations et bâtiments de service, se composent :

1° D'un bâtiment orienté nord-est et sud-ouest, ayant
120 pieds de long sur 30 de large avec galerie exté-
rieure, au milieu un escalier et un étage pour le loge-
ment du commandant.

2° De huit maisons de 32 pieds de long sur 16 de large,
n'ayant qu'un rez-de-chaussée, distantes l'une de l'autre
également de 16 pieds.

3° D'un pigeonnier, sous lequel parquaient les moutons
et les chèvres, de toits à porcs, poulaillers, écuries,
vacheries, etc.

Le tout était terminé dès le commencement de
l'année 1787, lorsque l'établissement reçut la visite de la
frégate la *Junon*, commandée par M. le comte de Flotte,

qui avait mission de s'assurer que la compagnie avait rempli ses engagements envers le gouvernement, et en même temps, de conclure un traité de commerce avec le roi du Bénin.

M. de Flotte se trouvant malade chargea le capitaine Landolphe de conduire au roi deux des lieutenants de vaisseau de la frégate. Le voyage s'accomplit par l'intermédiaire obligé de l'ami Danikan et avec l'appareil ordinaire. Le roi fit aux officiers l'accueil le plus cordial, échangea avec eux des présents, les assura qu'il distinguait les Français parmi tous les Européens et leur avait voué une sincère amitié ; mais, après avoir convoqué son conseil, leur déclara qu'il ne pouvait les autoriser à construire un fort à Gathon, « parce que les Béniniens avaient trop présente à la mémoire la manière dont les Hollandais les tourmentaient jadis, pour s'exposer à de nouveaux outrages ». Il y a là une contradiction si évidente avec les reproches qu'il avait adressés au capitaine Landolphe pour s'être établi dans les états du roi d'Owhère au lieu de s'établir à Gathon, qu'il est permis de la croire inspirée par quelque dépit et un peu de rancune.

Il existe un rapport fait à M. de Flotte par un des deux lieutenants de vaisseau, M. Legroing ; ce rapport a été transcrit en entier par M. Labarthe dans son *Voyage à la côte de Guinée* ; il confirme de la manière la plus absolue la description faite par le capitaine Landolphe de son établissement aussi bien que l'excellence de ses relations avec les rois de Bénin et d'Owhère.

L'abondance régnait au fort de Borodo, les bestiaux,

les volailles y étaient nombreux, les commodités et les avantages y étaient complets, mais il y avait un terrible revers à la médaille; ceux à qui cette abondance aurait dû profiter mouraient les uns après les autres.

Le capitaine de la *Petite Charlotte* était mort le premier, on avait trouvé à le remplacer par le capitaine Olivera, d'un navire portugais qui s'était perdu sur un banc de sable en face du fort; mais les autres, débarqués du Pérou, mouraient rapidement à leur tour.

Fièvres hépatiques ou fièvres paludéennes, peut-être la fièvre jaune. « Les malades deviennent jaunes, les yeux, les ongles des pieds et des mains deviennent couleur de safran. » Ce sont les excès, de quelque nature qu'ils soient, qui disposent à la maladie, les alcooliques sont attaqués les premiers et n'en réchappent jamais. Le capitaine établit à ce sujet une curieuse statistique. Il estime qu'en trois mois, les navires anglais perdent les trois quarts de leur équipage; les navires français la moitié; les navires portugais le quart seulement. Aujourd'hui, à Sierra Leone, la mortalité décime les Anglais tandis que les Français sont en grande partie épargnés. Quand on manifeste quelque étonnement d'apprendre qu'une personne qu'on a vue la veille ou l'avant-veille vient de mourir, on vous répond avec un sang-froid tout britannique : « wisky fiver », la fièvre du wisky.

Comme remède, Landolphe indique les boissons acidulées avec du jus d'orange ou du citron et surtout les infusions de tamarin.

Les deux chirurgiens étaient morts et il ne restait plus, pour soigner les malades, que le capitaine faisant appel

à ses souvenirs d'élève en chirurgie. M. Palissot de Beauvais étant enfin tombé malade; Landolphe lui mit des
vésicatoires aux jambes, mais il fit encore mieux en
l'embarquant sur un navire en partance pour la France,
ce qui le sauva.

Au bout de trois ans, il ne restait de blancs au fort de
Borodo, que le capitaine Landolphe, le capitaine portugais Olivera, de la *Petite Charlotte*, et deux tuiliers
débarqués du Pérou. Il y avait en plus un matelot
mulâtre provenant du navire naufragé du capitaine
Olivera. Tout le reste du personnel se composait de
nègres.

Il avait été arrêté au début de l'expédition que chacun
des navires qui serait expédié par la compagnie amène-
rait 40 hommes destinés à la factorerie, ce qui aurait
permis une relève régulière. Les événements qui se suc-
cédaient si rapidement en France avaient arrêté les envois.
Il ne vint plus de la compagnie que deux bâtiments; un
petit navire, l'*Okro*, et un trois-mâts, le *Bodaukan*; ils
apportaient des marchandises, mais pas un homme.

Malgré tant de causes d'abandon et de ruine, l'établissement prospérait grâce à l'inaltérable santé, à
l'énergie et à l'habileté du capitaine. Privé de presque
toute communication avec la France, il ouvre son
comptoir aux navires étrangers; il achète leurs cargaisons et leur en fournit de toutes prêtes pour le retour;
au moyen de ses allèges, il permet aux grands navires
de se tenir en dehors de la barre et de ne pas entrer dans
les rivières. Il leur fournit l'eau, le bois, les vivres pour
lesquels il avait établi un tarif dont il ne se départissait

pas. Lorsque son assortiment de marchandises manquait de certains objets, il envoyait un de ses deux bâtiments légers le long de la Côte d'Or, où il rencontrait des navires anglais, hollandais, portugais, danois, avec lesquels il faisait des échanges avantageux.

C'est à cette époque qu'il eut l'occasion de rendre aux Anglais plusieurs services qui devaient plus tard leur servir à le ruiner en témoignage de leur reconnaissance.

Un de leurs navires, amarré trop près de terre, avait chaviré pendant la nuit au jusant; l'équipage dormait heureusement sur le pont, deux hommes seulement furent noyés. Landolphe sauva les marchandises en les faisant décharger par les nègres et sécher sur le pré, après quoi il parvint à relever le navire et le remit en état de reprendre la mer et ses opérations.

Un capitaine Chapmann, de Liverpool, ayant son équipage mutiné, mettait son pavillon en berne pour demander du secours, Landolphe s'embarquait aussitôt sur une pirogue armée, intimidait l'équipage et, comme huit des mutins, chefs du complot, s'emparaient d'une embarcation et essayaient de s'échapper, il les poursuivait, les atteignait et les remettait à leur capitaine.

Il ouvrait gratuitement ses magasins à un autre capitaine anglais qu'un chargement de sel dont il ne pouvait se défaire gênait pour l'arrimage de ses pièces à eau et, en échange de ce service, ne recevait que des témoignages de mauvaise humeur parce qu'il ne voulait pas acheter ce sel dont il n'avait pas besoin.

Entre temps, il ne perdait aucune occasion d'augmenter l'importance de son établissement et il obtenait du roi d'Owhère un traité signé le 4 mai 1788, traité en sept articles, par lequel celui-ci déclare : vendre et céder à perpétuité, sans aucune réclamation, au sieur Landolphe, qui accepte pour le compte de MM. les intéressés de la compagnie d'Owhère, tous les bois et terre qui sont ou pourront provenir sur l'île nommée sur les plans français : Borodo, où est actuellement le fort français, sur la rive droite en entrant, à l'embouchure de la rivière Formose.

Le roi d'Owhère reconnaît avoir également vendu au dit sieur Landolphe, pour le compte de ladite compagnie d'Owhère, tous les bois et terres qui sont ou pourront se trouver dans la partie nord, opposée au fort français, ces terres se nomment Sal-Towne, habitées par les sujets du roi d'Owhère occupés à faire du sel.... (Il est donc parfaitement évident que nous avions les deux bords de la rivière.)

« La vente de ladite île de Borodo et des terres dites Sal-Towne a été faite au sieur Landolphe pour le prix et la somme de quatre cents pagnes (800 fr.), que le roi d'Owhère reconnaît avoir reçue en diverses marchandises... et sous les conditions que chaque navire que la compagnie pourra envoyer en traite de noirs et morphil (ivoire brut), il sera payé au roi d'Owhère et à ses puissances onze cents pagnes (2 200 fr.) pour chaque navire à trois mâts et huit cents pagnes (1 600 fr.) pour un navire à deux mâts.... »

« En raison desdites conventions, *le roi d'Owhère promet, s'engage de ne recevoir dans ses rivières aucun bâtiment étranger sous quelque prétexte que ce puisse*

*être, tant qu'il y aura en rade de la rivière Formose des
bâtiments appartenant à la compagnie d'Owhère ou à la
nation française, et, pour l'accomplissement de cet article,
le roi autorise le commandant ou les personnes chargées
des affaires de la compagnie à tirer et faire tirer sur tous
les bâtiments étrangers qui pourraient venir pendant le
séjour des bâtiments français, et oblige le roi d'Owhère
à donner main-forte pour chasser les bâtiments qui feraient
la moindre résistance.*

Voilà des termes qui ne présentent aucune ambiguïté,
mais comme on aurait pu arguer que le traité ne s'appli-
quait qu'à la compagnie et à ses intérêts particuliers,
Landolphe a eu soin d'en compléter le sens par un
article 6 qui ne peut laisser aucun doute relativement
aux dispositions du roi vis-à-vis de la France et aux obli-
gations qu'il entend contracter envers elle.

« Le roi d'Owhère s'oblige et s'engage, dans le cas
de guerre ou d'hostilités entre la France et l'Angleterre
ou toute autre puissance européenne, de prendre le parti
de la France et de défendre le pavillon de Sa Majesté
Très-Chrétienne... »; suivent les stipulations relatives aux
armes et munitions à fournir aux sujets du roi d'Owhère
ainsi qu'au partage des prises.

Le capitaine Landolphe estime que ce traité, dont une
expédition a été déposée au ministère de la Marine, où
on doit pouvoir la retrouver, assurait à la compagnie
trente lieues de territoire.

Un trafic d'une grande activité s'était peu à peu établi
avec le Brésil. Les magasins du fort se remplissaient
d'eau-de-vie, de poudre à canon, d'armes, de fer en

barres, de toutes les marchandises de défaite à l'intérieur. L'ivoire, les bois de teinture, les noirs affluaient
pour les cargaisons de retour, le capitaine affirme qu'à
ce moment les bénéfices étaient de trente mille francs
par jour.

C'était trop pour la jalousie des Anglais qui, sans se
voir exclus du trafic des rivières, s'y sentaient primés
pour longtemps par le commerce français. Ils en étaient
d'autant plus blessés que la cordialité des relations du
capitaine avec les rois d'Owhère et du Bénin contrastait
avec la répulsion inspirée par leurs procédés; conscients
comme partout, comme aujourd'hui, de leur impopula-
rité; trop orgueilleux pour consentir à ne pas être désa-
gréables, ils ne pouvaient espérer de se substituer aux
Français en s'emparant de l'établissement de Borodo. Il
fallait le faire disparaître. Nous arrivons au crime.

IV

Le crime.

Les Anglais avaient, en effet, si bien compris qu'ils
n'avaient aucune chance de remplacer Landolphe à Borodo
tant que Borodo serait au roi d'Owhère, qu'ils avaient
fait une première tentative pour déposséder celui-ci.

Un jour, le capitaine Okro se présente sur une grande
pirogue fortement armée, il demande de la poudre et des
balles; c'est, dit-il, pour combattre une peuplade qui
vient de déclarer la guerre au roi d'Owhère; c'est en
vain que Landolphe le prie de lui dire le nom de cette
peuplade, Okro s'obstine dans son silence; le capitaine
se décide à lui remettre de la poudre, des balles, du
plomb et un moule à balles.

Huit jours après, Okro reparaît avec plusieurs pirogues dont l'une porte un pavillon rouge, ce que Landolphe n'avait encore jamais vu; de cette pirogue descen-
dent Okro et quatre vieux nègres les mains liées derrière
le dos.

Interrogés par le capitaine, ils lui déclarent qu'ils sont
sujets du roi d'Aunis, lequel, séduit par de riches présents, s'était engagé, vis-à-vis des Anglais, à incendier le

fort pendant la nuit, tandis qu'un certain nombre de pirogues soutenues par un détachement anglais attaquerait le roi d'Owhère dans sa capitale.

De fortes patrouilles commandées par Animazan et faites chaque nuit autour du fort à l'insu du capitaine avaient fait avorter la première partie du projet, tandis que le roi d'Owhère, devançant l'exécution de la seconde, tombait sur les sujets du roi d'Aunis et, dans une foudroyante razzia, lui en enlevait deux cents qu'il envoyait vendre au Calabar.

Landolphe eut la générosité de faire reconduire à Aunis par sa goélette les quatre vieillards après leur avoir fait quelques légers présents. Il les chargeait de prévenir leur roi contre les conseils des Anglais « reconnus dans les états policés pour être les ennemis du genre humain ». Le roi d'Aunis répondit à ce procédé en envoyant au capitaine une dent d'éléphant pesant 45 livres et en lui faisant déclarer que, reconnaissant, par les pertes que venaient de lui faire subir la perfidie des Anglais, il devenait leur ennemi et par contre l'allié des Français.

Les Anglais n'avaient plus qu'une chose à faire ; c'était d'agir eux-mêmes ; de détruire le fort et de tuer celui qui était l'âme du comptoir ; seulement le fort était dans un état de défense qui ne permettait pas d'aspirer au succès d'une attaque de vive force, et l'échec de la tentative du roi d'Aunis prouvait qu'il était bien gardé.

Le 30 avril 1792, deux grands navires à trois mâts mouillaient en dehors des barres, ils étaient anglais, armés par la maison Dobson-Beckler et C° de Liverpool et commandés par les capitaines Gordon et Cokeronn. Ils s'étaient placés de manière à encadrer tribord et bâbord une goélette française qui était avant eux au mouillage; elle appartenait au navire le *Prosper*, faisant en ce moment la traite du Gabon, et elle devait le rejoindre à l'île du Prince.

Vers onze heures du matin, deux canots se détachèrent des trois-mâts, amenant au fort les deux capitaines avec leurs subrécargues Potter et Linn. Les deux canots portaient deux grandes caisses contenant six lustres de cristal à chaînes dorées, un bureau et un secrétaire en acajou que les capitaines se dirent chargés par leurs armateurs d'offrir au capitaine Landolphe en reconnaissance des services rendus à plusieurs de leurs navires, notamment à celui qui avait chaviré dans la rivière.

Une telle courtoisie demandait évidemment pour réponse une invitation. Landolphe avait un cuisinier nègre qui avait appris la cuisine sur un navire français, il avait une riche provision de vins de France, le banquet dura jusqu'au soir; les Anglais y apportaient une grande effusion; on but à la prospérité du commerce de la France et de l'Angleterre; on ne se sépara qu'avec la promesse de se revoir.

Vers deux heures du matin, les aboiements des chiens éveillaient le capitaine; pensant que quelque panthère avait pu s'introduire dans le fort et attaquer le gros bétail, Landolphe se lève, ouvre la porte de sa galerie, mais la referme vivement en voyant cette galerie garnie de matelots armés, la baïonnette au bout du fusil. Sa chambre est déjà pleine d'individus qui y sont montés par un escalier intérieur; ce sont les caisses du secrétaire et du bureau qui ont servi à cacher ceux qui devaient ouvrir le fort à leurs complices.

Vingt coups de pistolet éclatent à la fois et à la lueur des détonations, Landolphe voit un des assassins qui larde son lit de coups de sabre, il essaie de se cacher sous le bureau que les brigands lui ont donné le matin, déchire sa chemise pour ne pas être trahi par sa blancheur, puis voyant le désordre à son comble, les agresseurs qu'il suppose ivres se tirant dans l'obscurité les uns sur les autres, il s'élance au milieu d'eux et saute par une fenêtre.

Il avait sauté d'une hauteur de dix-sept pieds et restait étendu, un peu étourdi de sa chute, lorsqu'un des assassins se penchant par la fenêtre, l'aperçoit et lui tire un coup de fusil chargé de grenaille qui lui traverse la jambe gauche. « Est-il mort? » demande une voix partant de l'intérieur. « Oui, répond l'autre, il ne bouge plus, c'est moi qui l'ai tué. »

Landolphe profite de l'avertissement, il reste immobile; il entend briser ses meubles, il assiste au pillage de tout ce qu'il a chez lui et voit les voleurs circuler chargés de butin. Le pillage a détourné de lui l'attention de ses bourreaux; il en profite pour se traîner jusqu'à un des fossés du fort, où il reste enfoncé dans l'eau jusqu'au cou.

Bientôt il voit luire l'incendie; aux détonations qui ne cessent de se répéter, il comprend que les Anglais ont répandu partout des traînées de poudre auxquelles ils ont mis le feu. Il pense alors au magasin qui renferme dix mille livres de poudre et ne peut douter que l'explosion ne soit prochaine. Au risque d'être trahi par les lueurs que répandent les flammes, il se traîne, avec d'indicibles souffrances, jusqu'à une fontaine située à 120 toises du fort. C'est de là qu'il assiste au dernier acte du drame et à la consommation de sa ruine, le magasin saute en dispersant à toute distance les débris du fort et de tous les bâtiments qu'il contenait. L'explosion fut telle qu'un de ces gros câbles qui servaient à mouiller les ancres avant que l'usage des chaînes se fût établi, fut retrouvé le lendemain intact étendu sur la cime des arbres à 1500 pieds du fort. C'est par miracle que Landolphe avait échappé à la pluie de débris qui tombait autour de lui.

Cependant la plupart des nègres du fort avaient pu s'échapper avant l'explosion et avaient été porter l'alarme au village de Boby. Aussitôt une colonne commandée par Animazan était partie et s'avançait en ordre vers le fort. Landolphe ayant reconnu ses voisins à la régularité de leur marche, les appela et l'un d'eux, le prenant sur ses épaules, le transporta immédiatement chez Animazan, où on se hâta de le couvrir et de panser sa plaie. Animazan expédia en même temps une pirogue au roi d'Owhère pour l'informer de la catastrophe; quant aux Anglais ils s'étaient hâtés de se rembarquer.

Il y avait à Gathon une goélette française commandée par le capitaine Laurenti, celui qui devait plus tard faire croisière avec Landolphe sur le corsaire la *Liberté*; il se hâta d'envoyer à son compatriote des effets et écrivit aux capitaines anglais une lettre dans laquelle il les provoquait en leur reprochant leur conduite et l'horrible attentat qu'ils venaient de commettre en *pleine paix* et contre tout droit des gens.

Gordon et Cokeronn répondaient : à la provocation, en mettant immédiatement à la voile et en disparaissant, et au reproche, que si les hostilités n'étaient pas encore déclarées, l'acte qu'ils venaient de commettre était le prélude d'une guerre acharnée qui ne tarderait pas à s'ouvrir.

Il existe quatre dépositions concernant les faits que je viens de raconter : elles ont été faites toutes quatre à la Basse-Terre (Guadeloupe) au fur et à mesure qu'y arrivaient les témoins du sinistre, et depuis (le 5 pluviose an VI-24 janvier 1798) déposées chez M. Gittard, notaire à Paris.

La première est celle du capitaine Landolphe lui-même ; elle est du 4 octobre 1792.

La seconde est celle des officiers et des matelots formant l'équipage de la goélette l'*Amitié*, celle le long de laquelle avaient mouillé les navires des assassins qui, après le crime, montraient avec dérision aux matelots de la goélette les objets volés au capitaine Landolphe, insultant les Français et les menaçant de leurs pistolets. Cette déposition est du 8 mai 1792, elle a été rédigée à bord, huit jours après l'événement, et affirmée le 18 octobre suivant, lors de l'arrivée à la Basse-Terre du navire le *Prosper*, commandé par le capitaine Belliard, par suite de la maladie et de la mort du capitaine Mahé.

La troisième est celle des deux seuls blancs restés au fort, survivants de la première expédition, Pouponneau et Tondu ; elle est du 13 novembre 1792.

Enfin la quatrième est du capitaine Laurenti, commandant la goélette qui était à Gathon au moment de l'événement, elle est du 13 décembre 1793. Il n'existe aucune divergence dans l'exposé des faits contenus dans ces diverses dépositions.

Cependant, le roi d'Owhère avait, aussitôt prévenu, fait partir trente pirogues armées pour s'emparer des deux navires anglais, ne les trouvant plus au mouillage ces pirogues s'étaient rabattues sur deux autres navires anglais qui se trouvaient sur la rade de Régio, les avaient rejoint de nuit et les nègres se précipitant à bord avaient garotté officiers et matelots et les avaient emmenés dans l'intérieur.

Le roi ne trouvait rien de plus juste que d'offrir à Landolphe de choisir le plus beau et le plus richement chargé de ces deux navires, le capitaine fut obligé de beaucoup se débattre pour justifier son refus. Alléguant d'abord qu'il n'avait pas de matelots pour conduire ce navire et ensuite que ne pouvant, à aucun titre, justifier de sa propriété, il serait partout considéré comme pirate et traité comme tel. Sur son refus, le roi donna l'ordre de brûler les deux navires, ajoutant qu'il se regardait comme en guerre avec les Anglais et qu'il interdisait à ses sujets de faire avec eux aucun commerce, même de leur acheter un mouchoir.

La blessure du capitaine lui causait de grandes douleurs; elle ne guérissait pas, il survenait de grosses hémorragies chaque fois qu'il essayait d'étendre la jambe, enfin la gangrène venait d'apparaître. Le prince Boudakan, qui ne quittait pas son ami, obtint de lui, après vingt-cinq jours de soins inutiles, de se confier à un nègre médecin ou sorcier. Celui-ci, en quelques jours, avec l'application de certaines feuilles et d'une poudre blanche également inconnue du capitaine, fit fermer la plaie, mais au prix de quelles souffrances, ce n'est qu'au bout de cinquante-deux jours qu'il put marcher. Le roi l'envoyait chercher trois fois par semaine dans un fauteuil porté par deux nègres et lui avait fait présent d'une robe de soie.

Le capitaine Laurenti ayant appris la guérison de son collègue lui offrit de le faire conduire par sa goélette à l'île du Prince, où il trouverait à s'embarquer sur le *Prosper* quand celui-ci viendrait s'y ravitailler en sortant de la rivière du Gabon. La proposition acceptée, le roi d'Owhère fit reconduire Landolphe à Boby par une de ses pirogues, c'est là que vint le prendre le canot de la goélette qui devait le rapatrier. C'est avec le *Prosper* qu'il arriva à la Guadeloupe, où les événements allaient changer sa carrière et, d'un capitaine au long cours, faire de lui un officier de la marine militaire.

La guerre avec l'Angleterre ne tardait pas, en effet, à éclater, acharnée comme l'avaient annoncé les capitaines de Liverpool, et Landolphe devait bientôt perdre toute espérance de réparer son désastre et de recommencer son établissement.

Il retourna cependant à l'embouchure du Niger, ce fut en 1799, non plus comme traitant, mais comme capitaine de vaisseau, commandant la division de trois frégates qui venait de lui être confiée, par la République pour faire le plus de tort possible au commerce anglais dans l'Atlantique

Ses prises étaient déjà nombreuses, lorsqu'il se présenta sur la rade de Régio ; il voulait, dit-il, « s'assurer

qu'aucun peuple d'Europe ne s'était emparé des terres
où il avait formé son établissement ». Le pavillon français avait été hissé sur les ruines du fort, aussitôt que
les frégates avaient été en vue et, sur la pirogue qui
venait les reconnaître, se trouvaient quelques-uns des
nègres employés autrefois au comptoir, qui, à la vue de
leur ancien maître, l'acclamèrent avec enthousiasme. Ils
lui apprirent la mort d'Animazan, d'Okro et du prince
Boudakan. Animazan était remplacé à Boby par un
neveu du roi d'Owhère, un frère de Boudakan nommé
Mabi.

Reçu par lui, avec les marques les plus vives d'affec-
tion, il apprend qu'il y a dans la rivière quatre grands
trois-mâts anglais fortement armés et montés par de
nombreux équipages; il fait mettre embargo sur toutes
les pirogues afin d'éviter que les Anglais puissent être
prévenus, fait entrer dans la rivière une de ses prises
qu'il a armée en canonnière, reçoit de Mahi un pilote
qui a été rossé par les Anglais et ne demande qu'à se
venger. A la pointe du jour les quatre navires étaient
enlevés et ramenés devant Boby.

Conduits à la côte, ils furent brûlés conformément
aux instructions données à la division et Landolphe, ne
pouvant s'embarrasser dans sa croisière d'aussi nombreux
prisonniers offrit aux officiers anglais de les conduire
avec leurs équipages aux îles portugaises où ils pourraient trouver à se rapatrier. Les Anglais préférèrent
rester à Boby, pour y attendre la venue de quelque
navire anglais ou portugais qui les prendrait à son bord.

Les frégates, abondamment ravitaillées en vivres frais

par le phidor de Boby et le roi d'Owhère quittaient la rivière où le capitaine ne devait plus revenir.

Après la conclusion de la paix d'Amiens, le capitaine Landolphe essaya d'intéresser le gouvernement à ses réclamations touchant le guet-apens dont il avait été victime et les pertes qu'il avait subies ; le moment était mal choisi, c'était un bien petit incident en présence des intérêts qui se débattaient et des préoccupations qui assiégeaient les esprits en Europe. Plus tard l'échec infligé à notre commerce maritime par la guerre avec l'Angleterre, et bientôt après les modifications que l'abolition de l'esclavage faisait subir à nos relations avec la côte occidentale d'Afrique firent tout à fait oublier l'établissement que nous avions eu aux bouches du Niger ; aussi, quand nos officiers s'y présentèrent pour en dresser la carte, il trouvèrent bien les ruines du fort de Borodo, mais il y avait longtemps que le pavillon français n'y flottait plus.

TABLE DES MATIÈRES

963-98. — Coulommiers. Imp. P. BRODARD. — 2-03.